I0796652

Los conejillos de Indias
Renae Gilles y
Warren Rylands
EYEDISCOVER

Ve a **www.eyediscover.com** e ingresa el código único de este libro.

CÓDIGO DEL LIBRO

AVB57986

EYEDISCOVER te trae libros mejorados por multimedia que apoyan el aprendizaje activo.

Published by AV2
276 5th Avenue, Suite 704 #917
New York, NY 10001
Website: www.eyediscover.com

Library of Congress Control Number: 2020951985

ISBN 978-1-7911-3555-3 (hardcover)

Printed in Guangzhou, China
1 2 3 4 5 6 7 8 9 0 25 24 23 22 21

012021
1C2520

English Editor: Katie Gillespie
Spanish Editor: Ana María Vidal
Designer: Mandy Christiansen
Spanish/English Translator: Translation Services USA

The publisher acknowledges Alamy and Shutterstock as the primary image suppliers for this title.

EYEDISCOVER proporciona contenido enriquecido, optimizado para el uso en tabletas, que complementa este libro. Los libros de EYEDISCOVER se esfuerzan por crear un aprendizaje inspirado e involucrar a las mentes jóvenes en una experiencia de aprendizaje total.

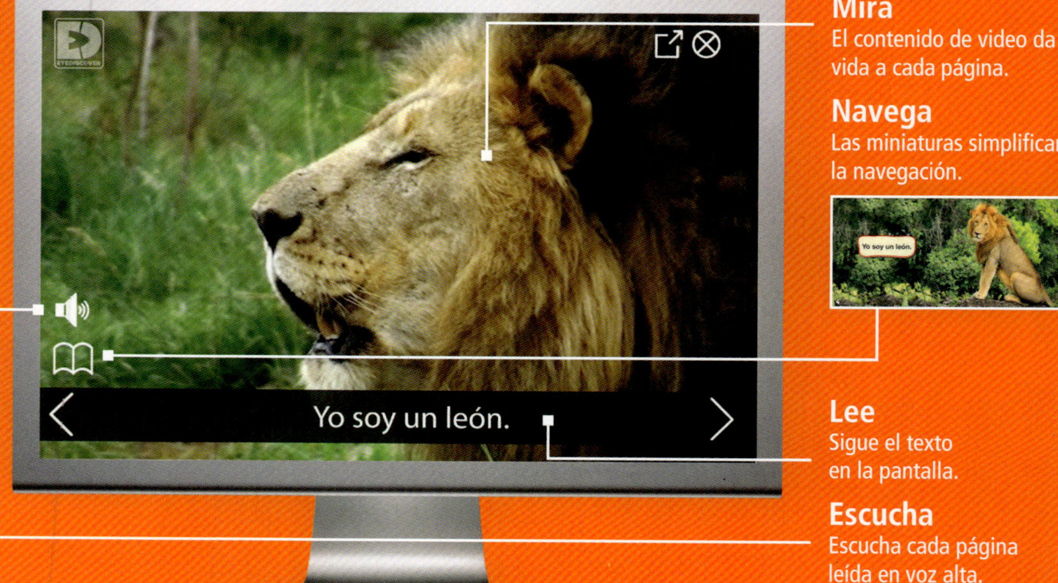

Mira
El contenido de video da vida a cada página.

Navega
Las miniaturas simplifican la navegación.

Lee
Sigue el texto en la pantalla.

Escucha
Escucha cada página leída en voz alta.

Tu EYEDISCOVER con Seguimiento de Lectura Óptico cobra vida con...

Audio
Escucha todo el libro leído en voz alta.

Video
Los videos de alta resolución convierten cada hoja en un seguimiento de lectura óptico.

OPTIMIZADO PARA

- TABLETAS
- PIZARRAS ELECTRÓNICAS
- COMPUTADORES
- ¡Y MUCHO MÁS!

Los conejillos de Indias

En este libro aprenderás

- cómo son
- dónde viven
- qué hacen

¡y mucho más!

Los conejillos de Indias son roedores. Están emparentados con las ardillas y los hámsteres.

Los primeros conejillos de Indias vinieron de América del Sur.

A los conejillos de Indias les encanta estar en brazos. Son mascotas muy populares.

A los conejillos de Indias les gusta la compañía. Siempre es mejor tener más de uno.

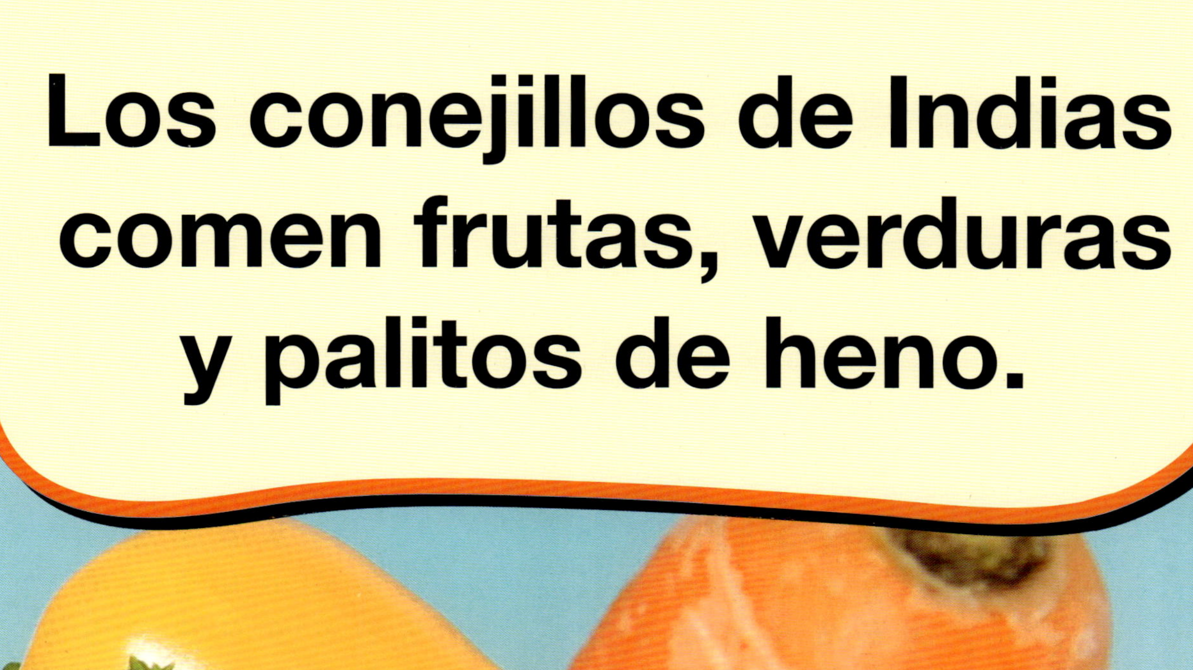

Los conejillos de Indias comen frutas, verduras y palitos de heno.

Los dientes del conejillo de Indias nunca dejan de crecer. Necesita masticar cosas para gastarlos.

A los conejillos de Indias les encanta ser parte de una familia. Son muy buenas mascotas.

LOS CONEJILLOS DE INDIAS EN NÚMEROS

Los conejillos de Indias pueden llegar a tener **13 bebés** por vez.

Los conejillos de Indias bebés pueden **correr** con **unas pocas horas de vida**.

La gente ha tenido conejillos de Indias como mascotas desde hace más de **3.000** años.

Los conejillos de Indias **mascotas** viven unos **siete** años.

La mayoría de los conejillos de Indias tienen **cuatro** dedos en las patas delanteras y **tres** en las traseras.

El conejillo de Indias tiene **cinco** tipos diferentes de **pelo**.

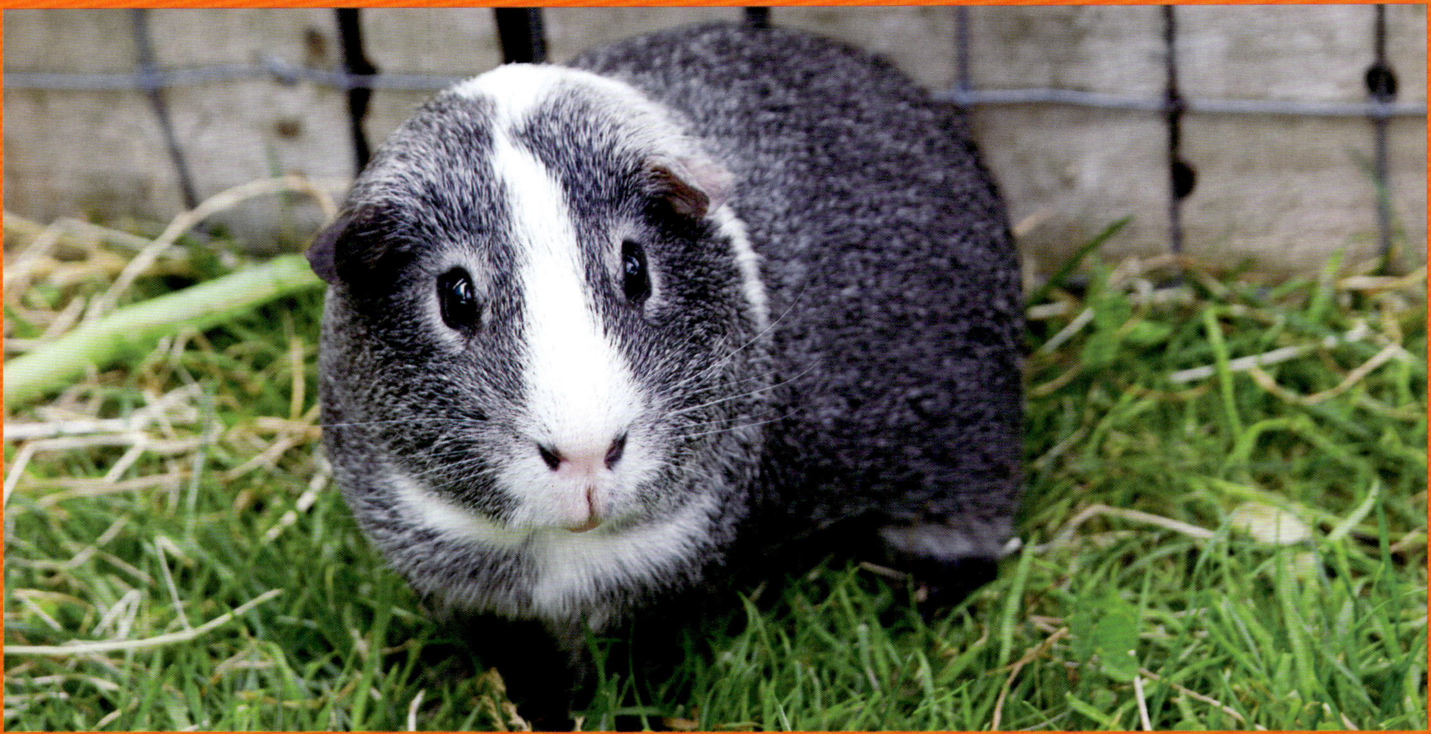

Mira
El contenido de video da vida a cada página.

Navega
Las miniaturas simplifican la navegación.

Lee
Sigue el texto en la pantalla.

Escucha
Escucha cada página leída en voz alta.

Ve a www.eyediscover.com e ingresa el código único de este libro.

CÓDIGO DEL LIBRO

AVB57986